BEI GRIN MACHT SICH IHR WISSEN BEZAHLT

- Wir veröffentlichen Ihre Hausarbeit,
  Bachelor- und Masterarbeit

- Ihr eigenes eBook und Buch -
  weltweit in allen wichtigen Shops

- Verdienen Sie an jedem Verkauf

Jetzt bei www.GRIN.com hochladen und kostenlos publizieren

Einsatz von generativen Sprachmodellen zur Automatisierung der Customer-Service-Prozesse. Chancen und Herausforderungen für Unternehmen

Bibliografische Information der Deutschen Nationalbibliothek:

Die Deutsche Nationalbibliothek verzeichnet diese Publikation in der Deutschen Nationalbibliografie; detaillierte bibliografische Daten sind im Internet über http://dnb.d-nb.de abrufbar.

ISBN: 9783346918697
Dieses Buch ist auch als E-Book erhältlich.

© GRIN Publishing GmbH
Trappentreustraße 1
80339 München

Druck und Bindung: Books on Demand GmbH, Norderstedt Germany
Gedruckt auf säurefreiem Papier aus verantwortungsvollen Quellen

Das Buch bei GRIN: https://www.grin.com/document/1378200

FOM Hochschule für Oekonomie & Management

Hochschulzentrum Köln

Seminararbeit

im Studiengang Wirtschaftsinformatik

zur Erlangung des Grades eines

Bachelor of Science (B.Sc.)
im Rahmen der Lehrveranstaltung
Fallstudie/Wissenschaftliches Arbeiten

über das Thema

Einsatz von generativen Sprachmodellen zur Automatisierung der Customer-Service-Prozesse: Chancen und Herausforderungen für Unternehmen

Abgabedatum : 27. Juli 2023

Inhaltsverzeichnis

Abbildungsverzeichnis

Tabellenverzeichnis

Abkürzungsverzeichnis

KI   künstliche Intelligenz

LM-as-KB Language Models as Knowledge Bases

KB   Knowledge Bases

Glossar

Forwardsnowballing-Methode Forward-Snowballing ist eine Technik in der wissenschaftlichen Forschung, bei der bereits identifizierte Primärstudien als Ausgangspunkt genutzt werden, um weitere relevante Studien zu finden, indem man andere Artikel untersucht, die diese Primärstudien zitieren[1]. 5

Phishing Phishing bezeichnet eine Form von Social Engineering, bei der Angreifer die Unwissenheit von Personen ausnutzen, um sensible Informationen durch betrügerische Methoden zu erlangen. Grundlage einer ersten Kontaktaufnahme von Täter und Opfer erfolgt überwiegend per E-Mail[2]. 8

Transformer-Architektur Die Transformer-Architektur besteht aus wiederholten Schichten, die als „Encoder" und „Decoder" bezeichnet werden. Der „Encoder" wandelt eine Eingabesequenz in einen abstrakten Darstellungsvektor um, der alle Informationen der Eingabe enthält. Der „Decoder" nutzt den abstrakten Darstellungsvektor aus dem "Encoder", um eine Ausgabesequenz zu generieren[3]. 4

Zero-Shot-Klassifikatoren Zero-Shot Klassifikation ermöglicht einem generativen Sprachmodell wie GPT-3, Aufgaben zu bewältigen, für die es kein spezifisches Training erhalten hat, indem es anhand einer beschreibenden Eingabe direkt plausible Antworten oder Lösungen generiert.[4]. 4

---

[1] Vgl. *Raharjana, I. K., Siahaan, D., Fatichah, C.*, 2021.
[2] Vgl. *Salloum, S.* et al., 2022.
[3] Vgl. *Vaswani, A.* et al., 2023.
[4] Vgl. *Sezgin, E., Sirrianni, J., Linwood, S. L.*, 2022.

1 Einleitung

1.1 Aufbau der Arbeit

Die vorliegende Seminararbeit untersucht den Einsatz generativer Sprachmodelle für den Einsatz in Customer-Service-Prozessen. Zunächst wird dabei neben dem Aufbau und der Motivation das Ziel dieser Arbeit erläutert, um den Leser in das Thema einzuführen. Anschließend werden Begriffe, auf die im weiteren Verlauf eingegangen wird, kurz definiert und erklärt.

Um einen fundierten Einblick in das Thema zu geben, werden zunächst die theoretischen Grundlagen vermittelt. Dabei werden insbesondere die Automatisierung und Bedeutung von Customer-Service-Prozessen sowie die Einsatzmöglichkeiten von generativen Sprachmodellen diskutiert.

Im weiteren Verlauf der Arbeit wird die methodische Vorgehensweise einer systematischen Literaturrecherche beschrieben. Durch die Anwendung dieser Methode konnten relevante Forschungsarbeiten identifiziert und ausgewertet werden.

Außerdem wird in den beiden Hauptkapiteln dieser Arbeit untersucht, inwiefern der Einsatz von generativen Sprachmodellen Unternehmen dabei helfen kann, ihre Customer-Service-Prozesse zu automatisieren, und es wird die zentrale Forschungsfrage behandelt, welche Chancen und Herausforderungen sich hieraus für die Unternehmen ergeben.

1.2 Motivation

„How do you know a human wrote this? Machines are gaining the ability to write, and they are getting terrifyingly good at it."[5]

Die Motivation zur Beschäftigung mit generativen Sprachmodellen wurde unter anderem durch dieses Zitat inspiriert.

Des Weiteren präsentierte das Unternehmen OpenAI am 30. November 2022 ein Produkt namens ChatGPT, welches schnell die Aufmerksamkeit von Forschern und Wissenschaftlern im Bereich künstliche Intelligenz (KI) auf sich zog. Die Veröffentlichung von ChatGPT weckte auch ein großes öffentliches Interesse, da es dazu entwickelt wurde, detaillierte textbasierte Antworten auf nahezu jede Frage zu generieren und bietet somit eine optimale Grundlage für den Einsatz im Customer Service von Unternehmen.[6]

---

[5] *Dale, R.*, 2021.
[6] Vgl. *Rivas, P., Zhao, L.*, 2023.

1.3 Zielsetzung

Ziel der Arbeit ist es, einen umfassenden Überblick über das Potenzial generativer Sprach-modelle im Customer Service zu geben und gleichzeitig mögliche Bedrohungen und Her-ausforderungen zu identifizieren. Es richtet sich an Unternehmen, die ihr Kundenerlebnis verbessern möchten. Des Weiteren soll die Arbeit dazu beitragen, dass Verbraucher die möglichen Anwendungen und potenziellen Auswirkungen generativer Sprachmodelle im Kundenservice besser verstehen.

1.4 Gendererklärung

Aus Gründen der besseren Lesbarkeit wird auf die gleichzeitige Verwendung männlicher und weiblicher Sprachformen verzichtet. Sämtliche Personenbezeichnungen gelten gleich-wohl für alle Geschlechter.

2 Theoretische Grundlagen

2.1 Customer Service und seine Bedeutung für Unternehmen

Customer Service ist ein immaterieller Aspekt innerhalb der Interaktion eines Kunden mit einem Unternehmen. Es handelt sich dabei um die Art und Weise, wie ein Unternehmen seinen Kunden Unterstützung, Beratung und Lösungen bietet.[7]

Um einen guten Service zu bieten, müssen Unternehmen die Perspektive des Kunden ein-nehmen. Jene Qualität wird ausschließlich aus der Sicht des Kunden beurteilt und basiert auf zwei Dimensionen: die prozessuale Dimension, die sich auf den reibungslosen Ablauf und die Effizienz bezieht, sowie die persönliche Dimension, welche die zwischenmensch-liche Interaktion und die Empathie des Servicepersonals betrifft. Ein guter Kundenservice umfasst also sowohl reibungslose Prozesse als auch eine persönliche Betreuung.[8]

Die Bedeutung von Customer Service für ein Unternehmen ist sehr relevant. Ist dieser qualitativ hochwertig, wird dem Kunden signalisiert, das seine Anfragen bestmöglich be-arbeitet werden. Ein guter Service ist außerdem auch ein wichtiger Wettbewerbsfaktor, mit

---

[7] Vgl. *Martin, W. B.*, 2009, S. 24.

[8] Vgl. ebd., S. 13.

welchem ein Unternehmen seine Position im Markt als Alleinstellungsmerkmal festigen kann.[9]

Des Weiteren gibt es verschiedene Kanäle des Customer Service, welche Unternehmen nutzen, um mit ihren Kunden zu interagieren. Darunter sind Unterstützung per Telefon, sozialen Medien, Online-Live-Chat und E-Mail zu nennen.[10] Insbesondere die textbasierten Eingangkanäle ermöglichen eine gute Automatisierung und sind daher besonders maßgebend für eine Implementierung von generativen Sprachmodellen.

2.2 Customer-Service-Prozesse

Ein Customer-Service-Prozess kann als eine Gruppe von Aktivitäten betrachtet werden, welche eine Anfrage von ihrem ersten Kontakt vom Kunden bis zur abschließenden Lösung durch das Unternehmen durchläuft. Dieser Prozess fungiert als eine Art Vorlage, die jedem Mitarbeiter im Customer-Service Richtlinien zur Arbeitsgestaltung bietet. Ein typischer Ablauf kann dabei folgende Aktivitäten enthalten:[11]

- Kontaktaufnahme: Der Kunde nimmt mit bestimmten Erwartungen Kontakt zum Unternehmen auf.

- Informationsbeschaffung: Aktive Beschaffung von Informationen über die vorliegende Anfrage.

- Problembehebung & Lösung: Das Unternehmen entwickelt einen geeigneten Lösungsansatz und präsentiert und diskutiert die Lösung mit dem Kunden.

Des Weiteren kann jede Kundenanfrage eine individuelle Herangehensweise erfordern. Ohne einen effizienten, auf den Kunden ausgerichteten Prozess könnten Kunden verwirrt werden und müssten sich wiederholt mit ihren Anliegen auseinandersetzen. Gleichzeitig würden den Mitarbeitern wertvolle Zeit und Ressourcen durch ineffiziente Prozesse verloren gehen.[12]

2.3 Generative Sprachmodelle und ihre Einsatzmöglichkeiten

Im letzten Jahrzehnt hat die Forschung insbesondere ihre Automatisierungsmöglichkeiten im Bereich KI für die Produktion von digitalen Inhalten, einschließlich Bilder, Videos, Audio

---

[9] Vgl. *Martin, W. B.*, 2009, S. 19.
[10] Vgl. *McLean, G., Osei-Frimpong, K.*, 2017.
[11] Vgl. *Clark, B.*, 2021.
[12] Vgl. ebd.

und Text, stark erweitert. Diese KI-Modelle können lernen, bestimmte Muster in Daten zu verstehen, um somit neue Elemente eines Datentyps als Ausgabe zu generieren.[13]

Aufgebaut sind maschinelle Sprachsysteme zudem aus großen künstlichen neuronalen Netzwerken und werden durch einen „Trial-and-Error-Prozess" über riesige Datenmengen „trainiert". Über diesen Prozess sollen jene Systeme nach vielen Zyklen von Versuch und Irrtum die allgemeinen Eigenschaften der Daten lernen, auf denen sie trainiert wurden. Auf dieser Grundlage können diese generativen Modelle für die Erzeugung völlig neuer synthetischer Artefakte verwendet werden, wodurch sie ein zentraler Bestandteil dieser Arbeit sind.[14]

Aktuell gibt es mit GPT-3 und GPT-4 zwei relevante generative Sprachmodelle. GPT-3 basiert dabei auf der Transformer-Architektur, verarbeitet nur Texteingaben und verfügt über 175 Milliarden Parameter. Im Gegensatz dazu ist GPT-4 mit 170 Billionen Parametern etwa 1000 Mal größer und ermöglicht die Verarbeitung von Text- und Bildinformationen. GPT-4 verwendet eine regelbasierte Belohnungsmodellierung, um die Leistung und Sicherheit zu verbessern. Durch den Einsatz von Zero-Shot-Klassifikatoren während des Trainings kann GPT-4 zudem eine bessere Einhaltung von sicheren und korrekten Inhalten gewährleisten.[15]

In der Theorie kann ein System, das beliebigen Text empfangen und ausgeben kann, jede Aufgabe durchführen, die durch Text ausdrückbar ist. Die Interaktion mit einem Sprachmodell ähnelt somit in der Interaktion mit einem entfernten Mitarbeiter über eine textbasierte Schnittstelle. Obwohl aktuelle Sprachmodelle bei Weitem noch nicht auf dem Niveau von Menschen sind, haben sie große Fortschritte in ihrer Allgemeinheit und Fähigkeit gemacht[16], welche in Kapitel 4 nochmals genauer analysiert werden.

3 Methodik

3.1 Einführung in die systematische Literaturrecherche

Die systematische Literaturrecherche umfasst mehrere Schritte, deren Ziel es ist, relevante wissenschaftliche Artikel zu identifizieren und auszuwählen. Zunächst werden verschiedene elektronische Datenbanken durchsucht und die Suchstrategie vordefiniert. Nachfol-

---

[13] Vgl. *Goldstein, J. A.* et al., 2023.
[14] Vgl. ebd.
[15] Vgl. *Koubaa, A.*, 2023.
[16] Vgl. *Goldstein, J. A.* et al., 2023.

gend werden diverse Auswahlkriterien definiert, um Duplikate zu entfernen und die relevanten Artikel zu identifizieren. Die Überprüfung erfolgt dabei anhand von spezifischen Einschluss- und Ausschlusskriterien, welche in Titel, Volltext oder Zusammenfassungen enthalten sind (Screening-Strategie). Zusätzlich kann die Forwardsnowballing-Methode angewendet werden, bei der die Referenzen der eingeschlossenen Artikel auf ähnliche Artikel überprüft werden. Letztgenannte Methode musste jedoch in diesem Fall nicht angewendet werden, da bereits durch die klassische Analyse der Literatur genug Quellen zur Verfügung standen. Als letzter Schritt werden die Ergebnisse präsentiert. Es wird angegeben, wie viele Artikel durch die Datenbanksuche identifiziert wurden. Ein Flussdiagramm zeigt dabei den Ablauf der Datenbanksuche und des Artikel-Screenings. Zudem werden allgemeine Informationen über die gefundenen Artikel präsentiert. Die systematische Literaturrecherche bietet in diesem Fall eine transparente Methode, um relevante wissenschaftliche Erkenntnisse in Zusammenhang mit der aufgestellten Forschungsfrage zu identifizieren, zu bewerten und zusammenzufassen.[17]

3.2 Durchführung der systematischen Literaturrecherche

3.2.1 Suchstrategie

Alle Suchanfragen wurden im Juni 2023 in den folgenden Datenbanken durchgeführt: EBSCO Discovery Service, IEEE Xplore digital Library, ACM Digital Library, Thieme-Connect, SpringerLink, arxiv und Google Scholar.

Des Weiteren erfolgte die Suche basierend auf einer Kombination von bestimmten Begriffen, welche in Tabelle 1 nochmals ausführlich ausgelistet sind.

Term [Customer Service]		Term [Generative AI]
"'Customer Service"ÖR "'Customer Support"ÖR "'Customer Assistance"ÖR "'Customer Help"' OR "'Customer Experience"ÖR "'Customer Relationship Management"' OR "'Customer Interaction"ÖR "'Customer Inquiry"ÖR "'Customer Complaints"' OR "'Customer Feedback"ÖR "'Customer Service Center"ÖR "'Customer Service Team"ÖR "'Customer Service Excellence"ÖR "'Customer Service Automation"'	AND	"'Generative AI"ÖR "'Generative Language Model"' OR "'Generative Artificial Intelligence"ÖR "'AI Generation"ÖR "'Language Generation"' OR "'Generative Models"ÖR "'Generative Systems"ÖR "'Generative Text Generation"' OR "'Generative Language Generation"ÖR "'Generative Neural Networks"' OR "'Generative NLP"ÖR "'Generative NLG"ÖR "'Generative Chatbots"' OR "'Generative Conversational Agents"ÖR "'Generative Language Processing"'

Tabelle 1: Terms used for the database searches.

3.2.2 Screening-Strategie

Bei der Durchführung der Screening-Strategie wurden die in Kapitel 3.2.1 gefunden Artikel im ersten Schritt hinsichtlich ihrer Duplikate bereinigt. Anschließend überprüfte der Autor den Titel, die Zusammenfassung und den Volltext. Die für die Auswahl verwendeten

---

[17] Vgl. *ter Stal, S.* et al., 2020.

Einschluss- und Ausschlusskriterien sind zudem in Tabelle 2 und 3 dargestellt und sind eine wichtige Grundlage für die systematische Analyse. So konnten im weiteren Verlauf diverse Artikel aus- und eingeschlossen werden, welche für die Beantwortung der Forschungsfrage relevant sind.

Inclusion Criteria
I1 - The article is written in English or German
I2 - The article is a journal article, conference paper or a book

Tabelle 2: Inclusion criteria used for the article screenings.

Exclusion Criteria	Description
E1 - The article does not describe opportunities or challenges for customer service processes	
E2 - The publication date is older then 2018	
E3 - The article is not full available	The content of the article is behind a paywall or access is restricted
E4 - The article does not describe the impact on companies	A private use is described
E5 - The article does not relate Generative AI to language models	Instead, generative ai is used in the article, for example, in the context of image creation

Tabelle 3: Exclusion criteria used for the article screenings.

3.2.3 Ergebnisse der Literaturrecherche

Nr.	Title	Author	Language	Year	Type	Topic Category	Inclusion Criteria
1	Brilliance Bias in GPT-3	Shihadeh et al.	English	2022	paper	AI	I1, I2
2	A survey on GPT-3	Zong et al.	English	2022	paper	AI	I1, I2
3	Chatbots to ChatGPT in a Cybersecurity Space	Qammar et al.	English	2023	paper	Cybersecurity, AI	I1, I2
4	Do ChatGPT and Other AI Chatbots Pose a Cybersecurity Risk?	Sebastian	English	2023	article	Cybersecurity, AI	I1, I2
5	Language Models are Few-Shot Learners	Brown et al.	English	2020	paper	AI	I1, I2
6	A Systematic Literature Review on Phishing Email Detection Using NLP Techniques	Salloum et al.	English	2022	paper	NLP, AI	I1, I2
7	User Stories and Natural Language Processing: A Systematic Literature Review	Raharjana et al.	English	2021	paper	NLP, AI	I1, I2
8	Artificial Intelligence and Ten Societal Megatrends: An Exploratory Study Using GPT-3	Haluza	English	2023	paper	AI	I1, I2
9	Study and Analysis of Chat GPT and its Impact on Different Fields of Study	Kalla	English	2023	paper	AI	I1, I2
10	A Review on Language Models as Knowledge Bases	AlKhamissi et al.	English	2022	paper	Knowledge Bases, AI	I1, I2
11	Language Models As or For Knowledge Bases	Razniewski et al.	English	2021	paper	Knowledge Bases, AI	I1, I2
12	Benefits and Risks of Artificial Intelligence in Cybersecurity and Phishing Attacks	Bešić	English	2023	article	Cybersecurity, AI	I1, I2
13	Scamming the Scammers: Using ChatGPT to Reply Mails for Wasting Time and Resources	Cambiaso	English	2023	paper	Cybersecurity, AI	I1, I2
14	A Review of ChatGPT AI's Impact on Several Business Sectors	George et al.	English	2023	article	Business, AI	I1, I2

Tabelle 4: General information of the articles included in the review.

Nachfolgend werden die Ergebnisse der systematischen Literaturrecherche präsentiert, welche auf eine Identifikation von relevanter wissenschaftlicher Literatur abzielt. Die Recherche wurde hierbei sorgfältig durchgeführt, um einen umfassenden Überblick über das Forschungsfeld zu erhalten und gleichzeitig eine hohe wissenschaftliche Qualität sicherzustellen.

Zudem waren die zuvor beschriebenen Inklusions- und Exklusionsfaktoren entscheidende Filterkriterien, welche im Rahmen der systematischen Literaturrecherche angewendet wurden. Die Exklusionsfaktoren wurden als erste Filterinstanz verwendet, um alle potenziell irrelevanten Literaturquellen von vornherein auszuschließen. Nachfolgend wurde die verbleibende Literatur auf die Inklusionsfaktoren (vgl. Tabelle 2) geprüft. Jene Faktoren sind die positiven Kriterien, die eine literarische Quelle erfüllen muss, um in die endgültige Recherche einbezogen zu werden.

Dieser Prozess innerhalb der systematischen Literaturrecherche ergab insgesamt somit eine Anzahl von 14 wissenschaftlichen Quellen (vgl. Tabelle 4), die für die weitere Analyse und Diskussion herangezogen wurden.

4 Chancen von generativen Sprachmodellen im Customer Service

Das vorliegende Kapitel basiert auf den Erkenntnissen des vorherigen Abschnitts 2.2, worin bereits die essenziellen Komponenten eines Customer-Service-Prozesses vorgestellt wurden. Durch die Anwendung generativer Sprachmodelle ergeben sich insbesondere bei der initialen Kontaktaufnahme und Kommunikation, der Informationsbeschaffung und der Problembehebung bedeutende Möglichkeiten zur Automatisierung[18], welche nachfolgend detailliert betrachtet werden.

4.1 Kontaktaufnahme und Kommunikation

Vor allem E-Mails stellen aufgrund ihrer weitverbreiteten Nutzung als einer der häufigsten Eingangskanäle für Kundenanfragen dar[19] und bieten durch ihre Textform eine gute Grundlage für die Verarbeitung durch generative Sprachmodelle.

Der Verarbeitungsprozess kann dabei in drei Schritten beschrieben werden.

Klassifizierung von E-Mails: Ein entscheidender erster Schritt beim Verständnis einer E-Mail besteht darin, diese zu klassifizieren, um zwischen der Relevanz von Nachrichten zu unterscheiden und den Kontext zu verstehen. Diese Vorqualifizierung kann automatisch durch generative Sprachmodelle übernommen werden. Dies ermöglicht insbesondere eine effiziente Bearbeitung von Kundenanfragen in Unternehmen, da diese direkt in vordefinierte Kategorien eingeteilt und priorisiert werden können. Auf dieser Grundlage erfolgt dann die optimale Verteilung an die entsprechenden Mitarbeiter, welche die Anfrage bearbeiten. Generative Sprachmodelle sind außerdem so leistungsfähig, dass eine Klassifizierung von Texten, selbst bei begrenzten Trainingsdaten, erfolgen kann.[20]

---

[18] Vgl. *Thiergart, J., Huber, S., Übellacker, T.,* 2021.
[19] Vgl. *Köln, E.,* 2015.
[20] Vgl. *Thiergart, J., Huber, S., Übellacker, T.,* 2021.

Extrahieren relevanter Informationen: Generative Sprachmodelle können eine zuverlässige und automatische Erkennung des Inhalts von E-Mails ermöglichen, um alle relevanten Informationen einer Anfrage des Kunden zu extrahieren. Überdies bietet die Integration von KI in Customer-Service-Prozesse weitere Vorteile für Unternehmen. So können unerwünschte oder schädliche Nachrichten wie Phishing erkannt und gekennzeichnet werden. Dies trägt zur Stärkung der IT-Sicherheit bei und ermöglicht eine effektivere Abwehr von Bedrohungen, die über E-Mails verbreitet werden.[21]

Generieren von E-Mail-Antworten: Nach der Klassifizierung und Informationsgewinnung können generative Sprachmodelle auch für die automatische Generierung von kontextbezogenen Antworten genutzt werden, welche auf umfangreichen Datensätzen basieren. Diese Modelle sind darauf ausgelegt, natürliche Sprache zu verstehen und in Echtzeit darauf zu reagieren, was sie zu einem leistungsstarken Werkzeug für die Interaktion mit Kunden macht.[22]

4.2 Informationsbeschaffung

Ein weiterer wichtiger Aspekt eines Customer-Service-Prozesses ist die Informationsbeschaffung. Nach der Erfassung der Kundenanfragen (vgl. Kapitel 4.1) beschäftigt sie sich mit der Beschaffung von Informationen, um ein Problem des Kunden effektiv und schnell lösen zu können.

In diesem Zusammenhang können sowohl Knowledge Bases (KB) als auch Language Models as Knowledge Bases (LM-as-KB) eine Rolle spielen.[23]

KB bieten eine strukturierte Datenbasis, welche einfach abgefragt werden kann. Sie erfordern jedoch erheblichen manuellen Aufwand, um Informationen aus Text zu extrahieren und zu pflegen. Im Gegensatz dazu können LM-as-KB Informationen automatisch durch generative Sprachmodelle erfassen und verarbeiten.

Dadurch können sie flexibel auf Kundenanfragen reagieren, ohne dass ein festes Wissensbankschema im Voraus erforderlich ist. Dies ermöglicht eine adaptive und effiziente Informationsbeschaffung, da Kunden ihre Fragen frei formulieren können, ohne an vorgegebene Datenstrukturen gebunden zu sein.[24]

Ein weiterer Vorteil besteht darin, dass Sprachmodelle latente Zusammenhänge zwischen den Informationen erkennen können. Dies erlaubt es ihnen, Informationen zu liefern, die

---

[21] Vgl. *Bešić, M.*, 2023.
[22] Vgl. *George, A. S., George, A. S. H., Martin, A. S. G.*, 2023.
[23] Vgl. *AlKhamissi, B.* et al., 2022.
[24] Vgl. *Razniewski, S.* et al., 2021.

in strukturierten KB möglicherweise nicht explizit aufgelistet sind. Die Fähigkeit, versteckte Beziehungen und Muster zu identifizieren, erweitert das Wissensspektrum und ermöglicht eine umfassendere Informationsbereitstellung.[25]

Überdies zeichnet sich der Ansatz von LM-as-KB durch seine breite Abdeckung aus, da sie auf eine Vielzahl von Textquellen zugreifen können. Dies ermöglicht, Informationen zu liefern, welche über den Umfang herkömmlicher KB hinausgehen. Diese breitere Wissensbasis ist von besonderer Bedeutung, um komplexe Kundenanfragen angemessen zu bearbeiten.[26]

AutoGPT kann hierbei als neue KI-Plattform, eine sinnvolle Erweiterung von LM-as-KB darstellen. Basierend auf dem Konzept der Selbstreferenzierung, bei dem die KI ihre eigenen vorherigen Textgenerierungen als Eingabeaufforderung verwendet, um darauf aufbauend weiteren Text zu erstellen, können nicht öffentliche Unternehmensinformationen als Wissensquelle genutzt werden. AutoGPT kann hierdurch personalisierte Antworten liefern, was zu einer effizienteren und zielgerichteteren Kommunikation mit den Kunden führt.[27]

4.3 Problembehebung & Lösung

Normalerweise sind Mitarbeiter im Customer Service unverzichtbar, um Probleme zu lösen und Lösungen für Kundenanliegen zu finden. Doch durch die Automatisierungsmöglichkeiten mit generativen Sprachmodellen entfällt diese Notwendigkeit zunehmend. Im Folgenden werden drei wichtige Kriterien betrachtet, welche für die Problembehebung und Lösungsfindung durch KI relevant sind.[28]

Autonomer Customer Service: Generative Sprachmodelle ermöglichen die Nutzung von virtuellen Agenten, welche eigenständig Kunden mit personalisierter Unterstützung versorgen können. Diese virtuellen Agenten sind darauf programmiert, die Anfragen der Kunden zu verstehen und entsprechende Antworten zu geben (vgl. Kapitel 4.1. Dadurch wird ein automatisierter Prozess geschaffen, der Kundenanliegen erfasst und effizient bearbeitet, ohne dass menschliche Eingriffe erforderlich sind. Diese Autonomie im Customer Service spart nicht nur Zeit, sondern führt auch zu einer schnelleren Problemlösung und somit zu einer verbesserten Kundenzufriedenheit.[29]

---

[25] Vgl. *Razniewski, S.* et al., 2021.
[26] Vgl. ebd.
[27] Vgl. *Fezari, M., Al Dahoud, A., Al-Dahoud, A.,* 2023.
[28] Vgl. *Kalla, D., Smith, N.,* 2023.
[29] Vgl. *Chowdhury, N., Aktar, S.,* 2023.

Skalierung: Generative Sprachmodelle sind hochgradig skalierbar und können eine große Anzahl von Kundengesprächen gleichzeitig bewältigen. Einmal trainiert, können sie effizient und schnell auf eine Vielzahl von Anfragen reagieren, ohne dabei an Qualität einzubüßen. Dies macht sie ideal für den Einsatz in großen Unternehmen mit einem hohen Aufkommen von Kundenanfragen. Die Fähigkeit zur Bewältigung eines hohen Gesprächsvolumens ermöglicht es Unternehmen, den Kundensupport flexibel an die Kundenbedürfnisse anzupassen und somit Engpässe zu vermeiden.[30]

Kosteneffizienz: Die Integration von generativen Sprachmodellen als Teil des Kundenservice führt zu erheblichen Kosteneinsparungen für Unternehmen. Der Wegfall von Bedarf an Mitarbeitern im Customer Service reduziert die Personalkosten erheblich. Da generative Sprachmodelle dauerhaft einsatzbereit sind und eine hohe Arbeitslast bewältigen können, entsteht zudem eine optimale Auslastung der Ressourcen. Dies führt zu einer gesteigerten Effizienz im Kundensupport und einer verbesserten Kostenstruktur für das Unternehmen.[31]

Insgesamt zeigen generative Sprachmodelle eine vielversprechende Zukunft im Bereich des Customer Service. Durch ihre Autonomie, Skalierbarkeit und Kosteneffizienz bieten sie eine effektive Lösung zur Problembehebung und Optimierung des Kundensupports. Unternehmen können folglich eine bessere Kundenerfahrung bieten und gleichzeitig ihre Ressourcen effizienter nutzen.

5 Herausforderungen beim Einsatz generativer Sprachmodelle im Customer Service

Im vorherigen Kapitel 4 hat der Autor eingehend die Chancen und Möglichkeiten von generativen Sprachmodellen in einem Customer-Service-Prozess beschrieben. Trotz der vielversprechenden Möglichkeiten, die diese Technologie bietet, gibt es jedoch eine Reihe von Herausforderungen und Limitationen, welche von Unternehmen berücksichtigt werden müssen, um eine effektive und ethisch verantwortungsbewusste Integration im Kundenservice zu gewährleisten.[32]

---

[30] Vgl. *Kalla, D., Smith, N.*, 2023.
[31] Vgl. *Haluza, D., Jungwirth, D.*, 2023.
[32] Vgl. *Brown, T.* et al., 2020.

5.1 Vorschriften und Gesetzte

Eine der entscheidenden Herausforderungen für die Implementierung in Unternehmen besteht in der Regulierung der Verwendung von generativen Sprachmodellen, insbesondere im Bereich des Customer Service. Gegenwärtig sind die Gesetze und Vorschriften, welche den Einsatz von KI-basierten Chatbots regeln, noch sehr begrenzt. Es ist von entscheidender Bedeutung, rechtliche Rahmenbedingungen zu schaffen, die einen missbräuchlichen Einsatz verhindern und gleichzeitig eine verantwortungsvolle Nutzung fördern.[33]

In diesem Zusammenhang könnten verschiedene Gesetze und Vorschriften eine Rolle spielen:

Datenschutzgesetze legen fest, wie personenbezogene Daten erhoben, verwendet und gespeichert werden dürfen. Unternehmen und Einzelpersonen müssen die ausdrückliche Zustimmung der Nutzer einholen, bevor sie deren persönliche Daten sammeln oder nutzen dürfen[34]. Im Falle von generativen Sprachmodellen könnten Datenschutzgesetze außerdem dazu genutzt werden, die Sammlung und Verwendung von generierten Daten zu regulieren und die Privatsphäre der Benutzer zu schützen.[35]

Urhebergesetze schützen die Rechte von Einzelpersonen und Organisationen an ihren kreativen Werken, einschließlich Texten, Bildern und Videos[36]. Bei dem Einsatz von generativen Sprachmodellen könnten Gesetze zum geistigen Eigentum dazu verwendet werden, die unerlaubte Nutzung urheberrechtlich geschützten Materials zu verhindern und sicherzustellen, dass die Nutzer des Systems nicht die geistigen Eigentumsrechte anderer verletzen.[37]

Verbraucherschutzgesetze regeln die Beziehung zwischen Unternehmen und Verbrauchern und verpflichten Unternehmen, genaue und wahrheitsgemäße Informationen an Verbraucher bereitzustellen. Das Verbraucherschutzgesetz dient dabei dazu, die Verwendung des Systems in Marketing und Werbung zu regulieren und sicherzustellen, dass die Benutzer nicht durch falsche oder irreführende Informationen getäuscht werden, die durch das Sprachmodell generiert wurden.[38]

IT-Sicherheits-Gesetze regeln die Verwendung von Computersystemen und Netzwerken und fordern von Organisationen Maßnahmen zum Schutz vor Angriffen und Bedrohungen innerhalb von IT-Systemen[39]. Diese Vorschriften dienen zu einer sicheren Nutzung

[33] Vgl. *Sebastian, G.*, 2023.
[34] Vgl. *Utz, C.* et al., 2019.
[35] Vgl. *Sebastian, G.*, 2023.
[36] Vgl. *Grätz, A.*, 2021, S. 63f.
[37] Vgl. *Konertz, R.*, 2023.
[38] Vgl. *Sebastian, G.*, 2023.
[39] Vgl. *Whitman, M. E., Mattord, H. J.*, 2021, S. 23.

12

von generativen Sprachmodelle, um vor unbefugtem Zugriff oder Missbrauch zu schützen. Denn auch hier gibt es Sicherheitsrisiken und Bedrohungen, welche durch Angreifer gezielt ausgenutzt werden können.[40]

Es ist daher unerlässlich, dass entsprechende Gesetze und Vorschriften erlassen werden, um die Verwendung von KI-basierten Chatbots im Customer-Service zu überwachen und sicherzustellen, dass diese Technologie verantwortungsbewusst eingesetzt wird. Die Einhaltung dieser Regulierungen ist entscheidend, um das Vertrauen der Kunden zu gewinnen und die Integrität des Kundenservice-Betriebs zu wahren.

5.2 Ethik

Die Minderung von Voreingenommenheit (Bias) stellt für den Einsatz generativer Sprachmodelle in Customer-Service-Prozessen eine ethische Herausforderung dar. Diese Modelle übernehmen die Voreingenommenheiten aus den von Menschen erstellten Inhalten und neigen dazu, sie in ihren Antworten zu perpetuieren. Untersuchungen haben gezeigt, dass verschiedene Arten von Voreingenommenheit existieren.[41]

Eine Art von Voreingenommenheit betrifft die Geschlechterdarstellung. Generative Sprachmodelle zeigen Unterschiede in den Ausgaben abhängig vom wahrgenommenen Geschlecht eines Charakters. So werden Geschichten für männliche Charaktere oft mit Themen wie Krieg, Verbrechen, Politik und Sport generiert, während Geschichten für weibliche Charaktere eher Familienangelegenheiten, Emotionen und den Körper betreffen. Männliche Charaktere werden häufig mit maskulinen Beschreibungen versehen, während weibliche Charaktere oft schwächer und weniger mächtig dargestellt werden.[42]

Eine weitere Form von Voreingenommenheit liegt in der rassischen Zuordnung. Generative Sprachmodelle tendieren dazu, positivere Antworten mit Bezug auf asiatische Ethnizität zu erzeugen, während Antworten mit Bezug auf eine dunkelhäutige Herkunft eher negativ ausfallen.[43]

Religiöse Voreingenommenheit ist ebenfalls ein Problem bei großen Sprachmodellen. Das Modell assoziiert bestimmte Wörter eng mit negativen Begriffen wie „Terrorist" und tendiert zu der Generierung von gewalttätigen Aussagen.[44]

---

[40] Vgl. *Qammar, A.* et al., 2023.
[41] Vgl. *Zong, M., Krishnamachari, B.*, 2022.
[42] Vgl. *Shihadeh, J.* et al., 2022.
[43] Vgl. *Zong, M., Krishnamachari, B.*, 2022.
[44] Vgl. ebd.

Diese Erkenntnisse verdeutlichen, dass generative Sprachmodelle verschiedenen Arten von Voreingenommenheit unterliegen und weiterer Kalibrierung bedürfen, um diese ethische Herausforderung im Kundenservice zu bewältigen.[45]

5.3 Energiebedarf und Nachhaltigkeit

Die Verwendung gigantischer Architekturen und der Trainingsprozess bei generativen Sprachmodellen wie GPT-3 sind äußerst energieintensiv. Zukünftige Modelle streben eine weitere Steigerung der Leistung durch größere Modelle an, was jedoch zu einem exponentiellen Anstieg des Ressourcenverbrauchs führt und ernsthafte Bedenken hinsichtlich der Nachhaltigkeit mit sich bringt. Die Entwicklung umweltfreundlicherer Architekturen wird als dringend notwendig erachtet. Im Unternehmenskontext ist es daher wichtig, diese Herausforderung zu berücksichtigen und nachhaltigere Lösungen für den Einsatz solcher Sprachmodelle zu suchen. Relevant ist hierbei die Balance zwischen verbesserter Leistung und Ressourcenaufwand, besonders vor dem Hintergrund der zunehmenden globalen Erwärmung.[46]

---

[45] Vgl. *Zong, M., Krishnamachari, B.*, 2022.
[46] Vgl. ebd.

6 Fazit

6.1 Schlussbetrachtung

Die vorliegende wissenschaftliche Arbeit untersuchte die Chancen und Herausforderungen des Einsatzes generativer Sprachmodelle zur Automatisierung von Customer-Service-Prozessen. Im Rahmen der systematischen Literaturrecherche wurden relevante Erkenntnisse über diese Technologie und ihre potenzielle Anwendung im Kundenservice diskutiert.

in Kapitel 4 wurden insbesondere die vielversprechenden Chancen dieser Technologie analysiert. So ermöglicht die Automatisierung von Kontaktaufnahme und Kommunikation zwischen Unternehmen und Kunden eine effiziente Bearbeitung von Kundenanfragen durch KI-gesteuerte Verarbeitung von E-Mails sowie der nachfolgenden Generierung kontextbezogener Antworten. Die Informationsbeschaffung kann durch den Einsatz von LM-as-KB flexibel und umfassend gestaltet werden, welches eine effektive Lösung von Problemen der Kunden ermöglicht. Des Weiteren bieten generative Sprachmodelle autonomen Kundenservice, Skalierbarkeit und Kosteneffizienz. Die ermöglicht Unternehmen, ihre Kunden besser zu unterstützen und ihre Ressourcen effizient zu nutzen.

Dennoch existieren auch Herausforderungen, die es zu berücksichtigen gilt. Die Einhaltung von Vorschriften und Gesetzen ist entscheidend, um die verantwortungsvolle Nutzung von generativen Sprachmodellen sicherzustellen. Besonders innerhalb des Datenschutzes, Urheberrecht, Verbraucherschutz und IT-Sicherheit müssen diese beachtet werden, um die Privatsphäre der Kunden zu schützen und Missbrauch zu verhindern.

Die ethische Dimension des Einsatzes generativer Sprachmodelle wurde als weitere bedeutende Herausforderung identifiziert. Die Minderung von Voreingenommenheit in den Antworten der Modelle erfordert weitere Kalibrierung und Aufmerksamkeit, um faire und nicht diskriminierende Kommunikation im Kundenservice zu gewährleisten.

Ebenfalls von Bedeutung ist der Energiebedarf und die Nachhaltigkeit solcher Modelle. Angesichts des hohen Ressourcenverbrauchs bei der Verwendung großer Sprachmodelle ist zudem eine umweltfreundliche Nutzung entscheidend, um die Auswirkungen auf die Umwelt zu minimieren.

Insgesamt verdeutlicht diese Arbeit, dass generative Sprachmodelle vielversprechende Lösungen für den Customer Service bieten können, jedoch auch sorgfältige Berücksichtigung der ethischen, rechtlichen und technologischen Aspekte erfordern. Durch eine verantwortungsvolle Integration dieser Technologie können Unternehmen ihre

Kundenservice-Prozesse effizienter gestalten und eine verbesserte Kundenerfahrung bieten. Es bleibt zu hoffen, dass zukünftige Forschung und Entwicklung dazu beitragen werden, die Herausforderungen zu bewältigen und die Vorteile generativer Sprachmodelle im Kundenservice optimal zu nutzen.

6.2 Ausblick auf zukünftige Entwicklungen und Forschungsfelder

Die zukünftige Entwicklung und Forschung im Bereich des Customer Service mit generativen Sprachmodellen verspricht spannende Perspektiven.

Insbesondere die Implementierung eines Omnichannel-Supports könnte ein zentraler Forschungsbereich sein. Hierbei liegt der Fokus in der nahtlosen Integration von generativen Sprachmodellen in verschiedene Kommunikationskanäle, wie E-Mail, Live-Chat, soziale Medien, Videochats und Telefon, welche einen konsistenten und effizienten Kundenservice über verschiedene Plattformen hinweg ermöglichen können. Durch die Nutzung von generativen Sprachmodellen in einem Omnichannel-Ansatz kann ein Unternehmen einheitliche Antworten und Lösungen anbieten, unabhängig davon, über welchen Kanal der Kunde kommuniziert. Dies schafft ein reibungsloses Kundenerlebnis und fördert die Kundenzufriedenheit.

Des Weiteren könnte die Integration von generativen Sprachmodellen in Kombination mit anderen KI-Technologien, wie Sprach- oder Bilderkennung, die Leistungsfähigkeit des Kundenservice weiter steigern. Die Schaffung eines multidimensionalen Ansatzes könnte eine ganzheitliche Kundenbetreuung ermöglichen und so eine noch tiefere Interaktion und Problemlösung bieten.

Als Folge der schnellen Weiterentwicklung von generativen Sprachmodellen im Customer Service, könnte zukünftig ein KI-betriebener Kundenservice den Einsatz von Mitarbeitern obsolet machen. Die Entwicklung autonomer Kundenservice-Plattformen könnte daher einen weiteren zukünftigen Forschungsschwerpunkt darstellen. Hierbei ist jedoch wichtig, die sozialen und wirtschaftlichen Auswirkungen auf die Mitarbeiter zu berücksichtigen und eine ethisch verantwortungsbewusste Integration zu gewährleisten.

Insgesamt zeigen diese zukünftigen Entwicklungen und Forschungsfelder, dass generative Sprachmodelle eine zentrale Rolle in einem Customer-Support-Prozess einnehmen können. Durch die kontinuierliche Weiterentwicklung und den gezielten Einsatz der Technologie können Unternehmen eine effektive, skalierbare und personalisierte Kundenbetreuung anbieten, welche den steigenden Anforderungen an den modernen Kundenservice gerecht wird.

Literaturverzeichnis

AlKhamissi, Badr, Li, Millicent, Celikyilmaz, Asli, Diab, Mona, Ghazvininejad, Marjan (2022): A Review on Language Models as Knowledge Bases, o. O., 2022-04-12, arXiv: 2204.06031[cs], URL: http://arxiv.org/abs/2204.06031 [Zugriff: 2023-07-23]

Bešić, Mustafa (2023): Benefits and Risks of Artificial Intelligence in Cybersecurity and Phishing Attacks, in: E-business technologies conference proceedings, 3 (2023), Nr. 1, Number: 1, S. 94–98, [Zugriff: 2023-07-23]

Brown, Tom, Mann, Benjamin, Ryder, Nick, Subbiah, Melanie, Kaplan, Jared D, Dhariwal, Prafulla, Neelakantan, Arvind, Shyam, Pranav, Sastry, Girish, Askell, Amanda, Agarwal, Sandhini, Herbert-Voss, Ariel, Krueger, Gretchen, Henighan, Tom, Child, Rewon, Ramesh, Aditya, Ziegler, Daniel, Wu, Jeffrey, Winter, Clemens, Hesse, Chris, Chen, Mark, Sigler, Eric, Litwin, Mateusz, Gray, Scott, Chess, Benjamin, Clark, Jack, Berner, Christopher, McCandlish, Sam, Radford, Alec, Sutskever, Ilya, Amodei, Dario (2020): Language Models are Few-Shot Learners, in: Advances in Neural Information Processing Systems, Bd. 33, o. O.: Curran Associates, Inc., 2020, S. 1877–1901, [Zugriff: 2023-07-24]

Chowdhury, Naem, Aktar, Sheuly (2023): Unlocking the Power of ChatGPT: An In-Depth Look at ChatAI's Business Model, in (2023)

Dale, Robert (2021): GPT-3: What's it good for?, in: Natural Language Engineering, 27 (2021), Nr. 1, Publisher: Cambridge University Press, S. 113–118, [Zugriff: 2023-07-24]

Fezari, Mohamed, Al Dahoud, Ali, Al-Dahoud, Ahmed (2023): From GPT to AutoGPT: a Brief Attention in NLP Processing using DL, o. O., 2023-04-19

George, A. Shaji, George, A. S. Hovan, Martin, A. S. Gabrio (2023): A Review of ChatGPT AI's Impact on Several Business Sectors, in: Partners Universal International Innovation Journal (PUIIJ), 01 (2023), Nr. 1, S. 9–23, [Zugriff: 2023-07-23]

Goldstein, Josh A., Sastry, Girish, Musser, Micah, DiResta, Renee, Gentzel, Matthew, Sedova, Katerina (2023): Generative Language Models and Automated Influence Operations: Emerging Threats and Potential Mitigations, o. O., 2023-01-10, arXiv: 2301.04246[cs], URL: http://arxiv.org/abs/2301.04246 [Zugriff: 2023-07-09]

Grätz, Axel (2021): Künstliche Intelligenz im Urheberrecht: Eine Analyse der Zurechnungskriterien und der Prinzipien der Verwandten Schutzrechte vor dem Hintergrund artifizieller Erzeugnisse, Juridicum – Schriften zum Medien-, Informations- und Datenrecht, Wiesbaden: Springer Fachmedien, 2021, [Zugriff: 2023-07-24]

Haluza, Daniela, Jungwirth, David (2023): Artificial Intelligence and Ten Societal Mega-trends: An Exploratory Study Using GPT-3, in: Systems, 11 (2023), Nr. 3, Number: 3 Publisher: Multidisciplinary Digital Publishing Institute, S. 120, [Zugriff: 2023-07-23]

Kalla, Dinesh, Smith, Nathan (2023): Study and Analysis of Chat GPT and its Impact on Different Fields of Study, Rochester, NY, 2023-03-01, URL: https://papers.ssrn.com/abstract=4402499 [Zugriff: 2023-07-23]

Konertz, Roman (2023): Urheberrechtliche Fragen der Textgenerierung durch Künstliche Intelligenz: Insbesondere Schöpfungen und Rechtsverletzungen durch GPT und ChatGPT, in: Wettbewerb in Recht und Praxis, 69 (2023), Nr. 7, S. 796–804, [Zugriff: 2023-07-24]

Koubaa, Anis (2023): GPT-4 vs. GPT-3.5: A Concise Showdown, o. O., 2023-03-24, URL: https://www.preprints.org/manuscript/202303.0422/v1 [Zugriff: 2023-07-27]

Martin, William B. (2009): Quality Customer Service : Satisfy Customers–it's Everybody's Job, Bd. 5th ed, Crisp Fifty-minute Series Book, [Rochester, N.Y.]: Axzo Press, 2009, [Zugriff: 2023-07-09]

McLean, Graeme, Osei-Frimpong, Kofi (2017): Examining satisfaction with the experience during a live chat service encounter-implications for website providers, in: Computers in Human Behavior, 76 (2017), S. 494–508, [Zugriff: 2023-07-09]

Qammar, Attia, Wang, Hongmei, Ding, Jianguo, Naouri, Abdenacer, Daneshmand, Mahmoud, Ning, Huansheng (2023): Chatbots to ChatGPT in a Cybersecurity Space: Evolution, Vulnerabilities, Attacks, Challenges, and Future Recommendations, o. O., 2023-05-29, arXiv: 2306.09255[cs], URL: http://arxiv.org/abs/2306.09255 [Zugriff: 2023-07-24]

Raharjana, Indra Kharisma, Siahaan, Daniel, Fatichah, Chastine (2021): User Stories and Natural Language Processing: A Systematic Literature Review, in: IEEE Access, 9 (2021), Conference Name: IEEE Access, S. 53811–53826

Razniewski, Simon, Yates, Andrew, Kassner, Nora, Weikum, Gerhard (2021): Language Models As or For Knowledge Bases, o. O., 2021-10-10, arXiv: 2110.04888[cs], URL: http://arxiv.org/abs/2110.04888 [Zugriff: 2023-07-23]

Rivas, Pablo, Zhao, Liang (2023): Marketing with ChatGPT: Navigating the Ethical Terrain of GPT-Based Chatbot Technology, in: AI, 4 (2023), Nr. 2, Number: 2 Publisher: Multidisciplinary Digital Publishing Institute, S. 375–384, [Zugriff: 2023-07-07]

Salloum, Said, Gaber, Tarek, Vadera, Sunil, Shaalan, Khaled (2022): A Systematic Literature Review on Phishing Email Detection Using Natural Language Processing Techniques, in: IEEE Access, 10 (2022), Conference Name: IEEE Access, S. 65703–65727

Sebastian, Glorin (2023): Do ChatGPT and Other AI Chatbots Pose a Cybersecurity Risk?: An Exploratory Study, in: International Journal of Security and Privacy in Pervasive

Computing (IJSPPC), 15 (2023), Nr. 1, Publisher: IGI Global, S. 1–11, [Zugriff: 2023-07-24]

Sezgin, Emre, Sirrianni, Joseph, Linwood, Simon L. (2022): Operationalizing and Implementing Pretrained, Large Artificial Intelligence Linguistic Models in the US Health Care System: Outlook of Generative Pretrained Transformer 3 (GPT-3) as a Service Model, in: JMIR Medical Informatics, 10 (2022), Nr. 2, Company: JMIR Medical Informatics Distributor: JMIR Medical Informatics Institution: JMIR Medical Informatics Label: JMIR Medical Informatics Publisher: JMIR Publications Inc., Toronto, Canada, e32875, [Zugriff: 2023-07-27]

Shihadeh, Juliana, Ackerman, Margareta, Troske, Ashley, Lawson, Nicole, Gonzalez, Edith (2022): Brilliance Bias in GPT-3, in: 2022 IEEE Global Humanitarian Technology Conference (GHTC), 2022 IEEE Global Humanitarian Technology Conference (GHTC), ISSN: 2377-6919, o. O., 2022-09, S. 62–69

Ter Stal, Silke, Kramer, Lean Leonie, Tabak, Monique, op den Akker, Harm, Hermens, Hermie (2020): Design Features of Embodied Conversational Agents in eHealth: a Literature Review, in: International Journal of Human-Computer Studies, 138 (2020), S. 102409, [Zugriff: 2023-07-10]

Thiergart, Jonas, Huber, Stefan, Übellacker, Thomas (2021): Understanding Emails and Drafting Responses – An Approach Using GPT-3, o. O., 2021-02-15, arXiv: 2102.03062[cs], URL: http://arxiv.org/abs/2102.03062 [Zugriff: 2023-07-20]

Utz, Christine, Koloßa, Stephan, Holz, Thorsten, Thielbörger, Pierre (2019): Die DSGVO als internationales Vorbild?, in: Datenschutz und Datensicherheit - DuD, 43 (2019), Nr. 11, S. 700–705, [Zugriff: 2023-07-24]

Vaswani, Ashish, Shazeer, Noam, Parmar, Niki, Uszkoreit, Jakob, Jones, Llion, Gomez, Aidan N., Kaiser, Lukasz, Polosukhin, Illia (2023): Attention Is All You Need, o. O., 2023-07-23, arXiv: 1706.03762[cs], URL: http://arxiv.org/abs/1706.03762 [Zugriff: 2023-07-27]

Whitman, Michael E., Mattord, Herbert J. (2021): Principles of Information Security, Google-Books-ID: Hwk1EAAAQBAJ, o. O.: Cengage Learning, 2021-07-06, 562 S.

Zong, Mingyu, Krishnamachari, Bhaskar (2022): a survey on GPT-3, o. O., 2022-12-01, arXiv: 2212.00857[cs], URL: http://arxiv.org/abs/2212.00857 [Zugriff: 2023-07-24]

Internetquellen

Clark, Benedict (2021): A Practical Guide to a Better Customer Service Process - Acquire, A Practical Guide to a Better Customer Service Process, <https://acquire.io/blog/ customer-service-process> (2021) [Zugriff: 2023-07-13]

Köln, ECC (2015): Angebotene Kontaktmöglichkeiten von Online-Händlern in Deutschland 2015, Statista, <https://de.statista.com/statistik/daten/studie/421393/umfrage/ umfrage - unter - online - haendlern - zu - angeboteten - kontaktmoeglichkeiten - fuer - kunden/> (2015-12-03) [Zugriff: 2023-07-20]